Bibliografische Information der Deutschen Nationalbibliothek:

Die Deutsche Bibliothek verzeichnet diese Publikation in der Deutschen National-bibliografie; detaillierte bibliografische Daten sind im Internet über http://dnb.d-nb.de/ abrufbar.

Impressum:

Copyright © 2020 GRIN Verlag
Druck und Bindung: Books on Demand GmbH, Norderstedt Germany
ISBN: 9783346202406

Dieses Buch bei GRIN:

https://www.grin.com/document/537768

Anonym

Hitler und der Ustaša-Staat

GRIN Verlag

Hitler und der Ustaša-Staat

Inhaltsverzeichnis

Einleitung

Als die deutschen Zeitungen mit den Propaganda-Vorbereitungen gegen Jugoslawien begannen, um die Absichten der von Vladko Maček angeführten Partei zu erfüllen, verursachte dies einige Verlegenheit. Die zentrale Führungsfigur Kroatiens war zu dieser Zeit Maček, aber gleichzeitig bildete sich eine kroatische nationalistische Opposition, die unter der Führung von Ante Pavelić auf eine Lösung der kroatischen Frage hinarbeitete.[1] Die Ablehnung Ungarns, Kroatien zu annektieren, ergab für Kroatien zwei politische Lösungen: Deutschland entschied sich für Maček, der auf eine breite Unterstützung der kroatischen Bevölkerung zählen konnte, während Italien sich für Pavelić entschied, weil er Italien versichert hatte, dass Dalmatien ein Teil Italiens sein würde.[2] Am 01. April 1941 setzten sich die Deutschen mit Maček in Verbindung, ob er bereit wäre, der Führer Kroatiens zu werden und mit den Deutschen zusammenzuarbeiten. Maček lehnte das deutsche Angebot ab, weil er die Erhaltung Jugoslawiens anstrebte. Aus diesem Grund unterstützten die Achsenmächte der Ustaša die Gründung des kroatischen Staates.[3] Im Vertrag von Rom vom 18. Mai 1941 erhielt Pavelić in Dalmatien keine militärischen oder Flottenrechte außer der Unterzeichnung der Übergabe Dalmatiens an Italien, sodass sich die kroatische Armee dem italienischen Oberkommando unterwerfen musste.[4] Das Ziel des Ustaša-Staates war es, ein unabhängiges Großkroatien zu schaffen. Es ist jedoch anzumerken, dass dieses Ziel älter als der Faschismus war und aus dem Jahr 1866 stammt, als Ante Starčević mit seiner Partei für die Schaffung eines Großkroatiens kämpfte.[5] In diesem Gebiet sollten nur Kroaten leben, wobei für andere Minderheiten kein Platz mehr zur Verfügung stehen sollte.[6] Die Erweiterung des Territoriums des kroatischen Staates um Syrmien und Bosnien-Herzegowina führte zu einer deutlichen Zunahme der Minderheiten in der USK (unabhängiger Staat Kroatiens). Die Ustaša strebte jedoch einen ethnisch homogenen Staat an, was durch Vertreibung und Massenmord erreicht werden sollte.[7]

---

[1] Ladislaus Hory und Martin Broszat: Der kroatische Ustascha-Staat 1941-1945 (=Schriftenreihe der Vierteljahrshefte für Zeitgeschichte), Stuttgart 1964, S. 13.
[2] Tvrtko P. Sojčič: Die Lösung der kroatischen Frage zwischen 1939 und 1945. Kalküle und Illusionen, Stuttgart 2008, S. 115.
[3] Ludwig Steindorff: Kroatien. Vom Mittelalter bis zur Gegenwart, München 2001, S. 173.
[4] Peter Bartl: Grundzüge der jugoslawischen Geschichte, Darmstadt 1985, S. 129.
[5] Hans-Ulrich Thamer: Faschistische und neofaschistische Bewegung. Probleme empirischer Faschismusforschung, Darmstadt 1977, S. 98.
[6] Holm Sundhaussen: Der Ustascha-Staat. Anatomie eines Herrschaftssystems, in: Neven Budak u.a. (Hg) Kroatien. Landeskunde, Geschichte, Kultur, Politik, Wirtschaft und Recht, Wien u.a. 1995, S. 251-288, hier S. 264.
[7] Sojčič: Die Lösung der kroatischen Frage, S. 118.

a) Aufbau der Arbeit

Diese Arbeit beschäftigt sich mit Hitler und dem Ustaša-Staat und umfasst drei Kapitel. Das erste Kapitel behandelt den Weg zum Unabhängigen Staat Kroatien. Im zweiten Kapitel wird Kroatien als Marionettenstaat betrachtet und im letzten Kapitel wird die Vertreibung der Serben und Juden erörtert.

b) Forschungsstand

Ladislaus Hory und Martin Broszat behandelt in seinem Werk „Der kroatische Ustascha-Staat 1941-1945" die Geschichte der kroatischen Frage im Zweiten Weltkrieg. Das Werk beginnt mit einer Vorgeschichte der Gründung der Ustascha-Bewegung und mit einem kurzen Überblick des Lebens Ante Pavelić. Das Werk gibt einen ausführlichen Überblick über die kroatische Frage dieser Zeit.[8]

Tvrtko P. Sojčić stellt in seinem Buch „Die Lösung der kroatischen Frage zwischen 1939 und 1945. Kalküle und Illusionen" ebenfalls die historische Entwicklung der kroatischen Frage im Zweiten Weltkrieg dar. Obwohl das Werk insgesamt 428 Seite ist, behandelt es keine neuen Informationen.[9]

Ludwig Steindorff behandelt in seinem Buch „Kroatien. Vom Mittelalter bis zur Gegenwart" die Geschichte Kroatiens. Er gibt einen kurzen Überblick über die kroatische Frage im Zweiten Weltkrieg.[10]

Alexander Korb stellt in seinem Werk „Im Schatten des Weltkrieges. Massengewalt der Ustaša gegen Serben, Juden und Roma in Kroatien 1941-1945" die Vertreibung der Feinde des kroatischen Volkes von dem Ustaša-Staat dar.[11]

c) Fragestellungen

Die Fragestellungen in dieser Arbeit lauten: Was war die Ustaša für die Nationalsozialisten? Wie viel Rückhalt in der Bevölkerung hatte die Ustaša? Welches Ziel verfolgte die Ustaša? Wie behandelten die Deutschen und Italiener den Ustaša-Staat? War die Ustaša in der Lage, ihren Staat zu regieren?

---

[8] Ladislaus Hory und Martin Broszat: Der kroatische Ustascha-Staat 1941-1945 (=Schriftenreihe der Vierteljahrshefte für Zeitgeschichte), Stuttgart 1964.
[9] Tvrtko P. Sojčić: Die Lösung der kroatischen Frage zwischen 1939 und 1945. Kalküle und Illusionen, Stuttgart 2008.
[10] Ludwig Steindorff: Kroatien. Vom Mittelalter bis zur Gegenwart, München 2001.
[11] Alexander Korb: Im Schatten des Weltkrieges. Massengewalt der Ustaša gegen Serben, Juden und Roma in Kroatien 1941-1945, Hamburg 2013.

I. Auf dem Weg zum Unabhängigen Staat Kroatien

a) Hitler und die Ablehnung Ungarns

Bevor Hitler Jugoslawien angriff, beschloss er, dass die Ungarn ihre historischen Grenzen auf dem Balkan zurückerobern sollten. Auf einer Militärkonferenz am 27. März 1941 hatte Hitler den Kroaten empfohlen, die internen politischen Spannungen in Jugoslawien zu verschärfen und am 03. April kündigte er an, einen autonomen kroatischen Staat unter ungarischem Einfluss zu schaffen. Hitler ging so weit, dass er dem Admiral Miklós von Horthy gegenüber äußerte, die Italiener bei jedem Zugang zur Adria unterstützen zu wollen. Frustriert von diesem unerbetenen Angebot fragte Döme Sztójay Hitler erneut, ob er an einen unabhängigen kroatischen Staat oder an einen autonomen Staat innerhalb des jugoslawischen Staates denke? Die Antwort Hitlers beinhaltete die Schaffung eines kroatischen Staates unter ungarischem Einfluss und er betonte, dass es kein weiteres Jugoslawien geben würde und Deutschland kein Interesse an Kroatien hätte. Am nächsten Tag antwortete Horthy auf Hitlers Angebot und betonte, dass er dessen Kurs mit unveränderter Loyalität und im Ausmaß seiner Stärke verfolgen werde. Hitler versicherte ihm, dass Deutschland den ungarischen Forderungen keine Grenzen setze. Der ungarische Gesandte erklärte jedoch, dass die Ungarn kein Interesse daran hätten, Kroatien zu annektieren. Hitler versuchte erneut, Horthy davon zu überzeugen, dass ein Ausweg in Bezug auf Freundschaft und Wirtschaft mit Ungarn gefunden werden könne. Aber die ungarische Antwort war klar: Sie lehnten das Angebot ab. Nach dieser Ablehnung schien der Weg zur Schaffung des kroatischen Staates unter dem Einfluss der Ustaša gekommen zu sein.[12]

b) Mussolini und Ante Pavelić

Am 28. März 1941 sandte Hitler Mussolini einen Brief über die aktuelle Offensive gegen Jugoslawien. Die Entscheidung Hitlers wurde von Mussolini begrüßt und er erwähnte erstmals die von Pavelić angeführten Kroaten als eine tragbare Lösung für die separatistischen Tendenzen in Kroatien. Mussolini, der auf eine Annexion Dalmatiens abzielte, lud Pavelić nach Rom ein, da er befürchtete, dass Kroatien und damit Dalmatien nach der Zerschlagung Jugoslawiens unter deutschen oder ungarischen Einfluss geraten könnte. Pavelić stimmte einer Unabhängigkeitserklärung des unter seinem Einfluss stehenden kroatischen Staates zu und ermöglichte die italienische Intervention durch ein föderales System. Wenn Pavelić zugestimmt hätte, hätte dies die Machtübernahme der Ustaša in Kroatien erschweren oder sogar verhindern können, da die Enttäuschung des kroatischen Volkes zu groß gewesen wäre. Aus dem Dilemma, einerseits

---

[12] Hory und Broszat: Der kroatische Ustascha-Staat, S. 41f.

Mussolinis Wünsche zu erfüllen zu wollen und andererseits nicht als Verräter Kroatiens gesehen zu werden, entstand die Dualität seiner Politik, deren Kurs am 29. März in der Villa Torlonia festgelegt wurde. Mussolini und Pavelić erwarteten die deutsche Offensive gegen Jugoslawien, befürchteten aber gleichzeitig, dass Deutschland Interesse an der Adria zeigen würde. Obwohl Mussolini einen verdeckten Plan aufgestellt hatte, war zwischen ihm und Hitler nichts Genaueres über Kroatien vereinbart worden. Der deutsche Plan sah lediglich eine Autonomie für Kroatien vor, während Italien ein anderes Konzept für die Reorganisation Jugoslawiens verfolgte, das auf einer Zusammenarbeit mit Pavelić und dessen Ustaša beruhte. Die Deutschen hingegen zeigten wenig Interesse an der Ustaša, was auf die Spaltungspolitik Berlins gegenüber der Ustaša seit 1934 zurückzuführen war. Darüber hinaus lehnten die Deutschen die Errichtung einer italienischen Regierung in Kroatien ab und versuchten aus diesem Grund, die Ungarn an den Norden Kroatiens anzuschließen.[13]

c) Hitler und Vladko Maček

Am 27. März sandte der deutsche Generalkonsul Alfred Freundt aus Zagreb einen Brief nach Berlin, in dem er feststellte, dass die kroatische Bevölkerung in Zagreb gegen Belgrad sei und sich nicht sicher sei, ob Maček zur Regierung von Simović gehören würde. Der Vizepräsident August Kušutić sagte, dass die Sicht der Bauernpartei auf das neue Kabinett von der Haltung Deutschlands abhängen würde. Der Generalkonsul betonte jedoch, dass man gleichermaßen Vereinbarungen mit anderen kroatischen Kreisen treffen könne, und stellte fest, dass Kvaternik zugunsten einer deutschen Besetzung im Namen der Ustaša geschrieben hatte, um die kroatische Bevölkerung zu schützen. Am nächsten Tag bat Maček die deutsche Regierung um Rat zu seiner noch zu vervollständigenden Stellungnahme zur neuen Regierung in Belgrad und wies darauf hin, dass er den Krieg sehr bedauern werde. Wenn es unvermeidlich wäre, würde er verlangen, dass das kroatische Territorium so weit wie möglich geschont wird und dass die Kroaten besonders darauf vorbereitet würden, italienische Truppen auf Jugoslawien marschieren zu sehen. Zahlreiche Spuren deutscher Geheimdienste trugen dazu bei, dass man sich nicht entscheiden konnte, ob man auf Maček oder Pavelić setzen sollte. Walter Mallekte und Rosenberg stimmten für Maček.[14] Am 31. März 1941 wurde in Berlin vereinbart, dass Edmund Veesenmayer nach Zagreb reisen sollte, um die dortige Situation zu untersuchen. Er stellte fest, dass Maček sowohl den Frieden mit Deutschland als auch den jugoslawischen Staat pflegen

---

[13] Sojčič: Die Lösung der kroatischen Frage, S. 121ff.
[14] Hory und Broszat: Der kroatische Ustaša-Staat, S. 44f.

wollte.[15] Er tat dies vor allem, um Krieg zu vermeiden[16]. Nachdem der Versuch, Maček für die deutsche Abwehr zu gewinnen, gescheitert war, unterstützte der NS-Diplomat Edmund Veesenmayer die Ustaša dabei, in Kroatien die Macht zu übernehmen.[17]

d) Maček und die Erhaltung Jugoslawiens

Im Auftrag Rosenbergs nahm Walter Malletke, der Leiter der Abteilung Südosteuropa im Außenpolitischen Amt der NSDAP Kontakt zu Maček auf, der der Belgrader Regierung beitreten wollte. Malletke teilte Maček persönlich mit, dass nur ein unabhängiges Kroatien für Deutschland in Frage käme. Die Antwort Mačeks war jedoch, dass er gegen einen unabhängigen kroatischen Staat sei, weil Kroatien seiner Ansicht nach bei den Verhandlungen mit Belgrad stärker geworden sei. Er betonte auch, dass Simović die Erklärung des Dreierpakts bekräftigen wolle, unterstrich seine Loyalität zu Jugoslawien und betonte erneut, dass er gegen einen Krieg sei. Maček veröffentlichte eine Erklärung zur Lage und wiederholte seine Hoffnung, dass der Frieden aufrechterhalten werden könne. Mit seiner naiven Haltung stieß Maček auch bei einem Teil seiner Bauernpartei auf Ablehnung. Gleichzeitig stärkte Mačeks Ablehnung des deutschen Angebots für einen unabhängigen kroatischen Staat unter seiner Führung und sein Eintritt in das Kabinett von Simović die Ustaša. Damit blieb die Ustaša für die Deutschen als letzte Alternative, um einen Marionettenstaat Kroatien zu schaffen. Die Hoffnung Mačeks auf die Wahrung des Friedens wurde zerstört, als Deutschland seine Offensive gegen Jugoslawien begann. Maček wollte sein Land nicht verlassen und so trat er am 7. April 1941 zurück.[18]

e) Slavko Kvaternik und Pavelić

Der kroatische Kriegsminister und Stellvertreter des Poglavnik, Slavko Kvaternik, der versuchte, Veesenmayer an seine Seite zu ziehen, sprach sich für eine deutsche Invasion aus, da die Ustaša nicht über die notwendigen Mittel verfügte, um ein unabhängiges Kroatien zu schaffen. Auf der anderen Seite fürchtete Mussolini die Situation in Kroatien, weil Kvaternik auf deutscher Seite stand und dies für Mussolini bedeutete, seinen Wunsch, Dalmatien zu annektieren, aufgeben zu müssen. Kvaternik war sich bewusst, dass die Anerkennung des unabhängigen kroatischen Staates so bald wie möglich erfolgen musste und so schickte er am 11. April einen Brief an Hitler, in dem er die Anerkennung des Unabhängigen Staates Kroatien forderte.

---

[15] Bartl: Grundzüge der jugoslawischen Geschichte, S. 129.
[16] Hory Broszat: Der kroatische Ustascha-Staat, S. 46.
[17] Marie-Janine Calic: Geschichte Jugoslawiens im 20. Jahrhundert, München 2010, S. 138.
[18] Sojčič: Die Lösung der kroatischen Frage, S. 127ff.

Am selben Tag sandte auch Pavelić einen Brief an Hitler, aber im Gegensatz zu Kvaternik bezog sich Pavelić darin auf Italien. Vier Tage später sandten Hitler und Mussolini einen Brief an Pavelić, in dem sie Kroatien als offiziell unabhängigen Staat anerkannten.[19] Der Anerkennung des unabhängigen kroatischen Staates folgten auch einige andere Mächte, die als Konsequenz Verträge unterzeichneten, diplomatische Vertreter austauschten und Kriegserklärungen abgaben.[20] Pavelić war gegen den Kommunismus, weil sich dieser gegen Kroatien als unabhängigen Staat richtete.[21] Die Struktur des kroatischen Staates entsprach dem deutschen faschistischen Modell und versuchte, eine nahezu vollständige Kontrolle über alle Lebensbereiche zu erreichen.[22]

II. Kroatien als Marionettenstaat

a) Deutsch-italienische militärische Demarkationslinie

Der deutsche Außenminister Joachim Ribbentrop stellte zu Beginn des Treffens in Wien fest, dass die italienischen Pläne für Kroatien in anderer Hinsicht fortgesetzt wurden. Auf dem Treffen erklärte Ciano, Mussolini habe vorgehabt, neben Dalmatien auch den Rest der Adriaküste zwischen Fiume und Cattaro zu annektieren und den kroatischen Staat durch eine persönliche dynastische Einheit eng mit Italien zu verbinden. Ribbentrop teilte Ciano mit, dass Deutschland bald seine Truppen aus Kroatien abziehen werde, worauf Ciano entgegnete, dass Italien gerne italienische Besatzungstruppen nach Kroatien entsenden würde. Bei diesem Treffen wollte Ciano eine klare deutsche Sicht einer persönlichen Union zwischen Italien und Kroatien erreichen, aber Ribbentrop antwortete, dass Hitlers Zuspruch für diese Union notwendig sei. Am 22. April erklärte Ribbentrop, dass Deutschland kein politisches Interesse an Kroatien habe und Mussolini alle Entscheidungen überlassen werde. Italien machte Deutschland ein Angebot, deutsche Truppen durch italienische Truppen zu ersetzen, aber Hitler antwortete, dass die von Deutschland besetzten Gebiete in seinen Händen verbleiben werden, um militärische Bindungen zu sichern. Am 24. April wurde eine Demarkationslinie eingerichtet, wobei sich die Untersteiermark bei Samobor, Petrinja, Banja Luka, die Nordgrenze Montenegros und die wichtigsten Straßen- und Eisenbahnverbindungen in der deutschen Einflusszone wiederfanden.[23]

---

[19] Ebd., S. 136ff.
[20] Johann Wuescht: Jugoslawien und das Dritte Reich. Eine dokumentierte Geschichte der deutsch-jugoslawischen Beziehungen von 1933 bis 1945, Stuttgart 1969, S. 50.
[21] Marijan Rogić: Die Idee des kroatischen Staates bei Ante Pavelić. Unter Berücksichtigung besonderer historischer Tatsachen sowie des Staats- und Selbstbestimmungsrechts, München 1983, S. 180.
[22] Thamer: Faschistische und neofaschistische Bewegung, S. 98.
[23] Hory und Broszat: Der kroatische Ustascha-Staat, S. 64ff.

b) Die Verhandlungen über Dalmatien

Die italienische Regierung war fest entschlossen, Dalmatien zu annektieren und so drängte Ciano am 24. April Pavelić zu einem raschen Treffen. Bei diesem Treffen formulierten die Italiener zwei Ansätze, um das Problem zu lösen: Die erste Anforderung war, dass die Italiener die maximale Nachfrage für die gesamte Adriaküste von Fiume bis Cattaro fordern und alternativ die italienische Annexion an die dalmatinischen Inseln beschränken wollten. Das zweite italienische Ersuchen betraf wichtige Küstenabschnitte im Rahmen eines zusätzlichen Pakts zur engen politischen, militärischen und wirtschaftlichen Zusammenarbeit mit Italien. Während des Treffens am 25. April schrieb Ciano in sein Tagebuch, dass Pavelić die italienischen Forderungen ablehnte und von einem engen politischen Pakt sprach. Bei diesem Treffen war ein weiteres wichtiges Thema das Stadtgebiet und der Hafen von Split. Italien wollte die Stadt zu seinem Eigentum machen und versprach gleichzeitig, kroatische lokale Autonomie zu gewähren. Des Weiteren versuchte Mussolini die ursprüngliche Forderung nach einer vollständigen Zollunion und der Unterwerfung der kroatischen Armee unter das italienische Oberkommando geltend zu machen.[24] Am 29. April bat Kroatien den italienischen König, einen Prinzen des Hauses von Savoyen zum König von Kroatien zu ernennen. Am 7. Mai wurden die Ergebnisse zwischen den beiden Ländern vereinbart und am 18. Mai 1941 wurde in Rom das offizielle Abkommen unterzeichnet.[25]

c) Die römischen Verträge von 1941

Italien übernahm die Garantie der Unabhängigkeit Kroatiens in den Römischen Verträgen und die kroatische Regierung verpflichtete sich, keine internationalen Verpflichtungen zu übernehmen, die der Garantie und dem Geist des Vertrages zuwiderliefen. Sie gab Italien zudem eine führende Rolle beim Aufbau der kroatischen Armee und sorgte für eine enge Zusammenarbeit mit Italien in Bezug auf Währung, Zoll und Transport. Im Rahmen des Militärabkommens gab Kroatien seine Küstenlinie auf und gewährte den italienischen Truppen das Recht auf Zugang zu Straßen und Eisenbahnverbindungen in der gesamten Küstenregion. Die an Italien abzutretenden Gebiete waren zwar flächenmäßig relativ klein, jedoch von großer strategischer und wirtschaftlicher Bedeutung. Mussolini war mit den Römischen Verträgen folglich sehr zufrieden. Auch Pavelić versuchte, die Verträge mit Italien als Erfolg zu präsentieren, scheiterte aber,

---

[24] Ebd., S. 66f.
[25] Jozo Tomasevich: War and Revolution in Yugoslavia 1941-1945. Occupation and Collaboration, Stanford 2001, S. 237.

weil er die kroatische Bevölkerung nicht überzeugen konnte. Die kroatische Bevölkerung machte das Pavelić-Regime für den Verlust Dalmatiens verantwortlich, da die Rückzahlungen auf Kosten der kroatischen nationalen Interessen erfolgen mussten. So wurde im Herbst 1941 die Frage der Gebietserweiterung des Ustaša-Staates endgültig geklärt: Der Ustaša-Staat umfasste ganz Bosnien und Herzegowina sowie einen Teil des dalmatinischen Küstenlandes und die kroatisch-slawonischen Kernländer.[26]

d) Einfluss Deutschlands in Kroatien

Obwohl Hitler erklärt hatte, dass Deutschland kein politisches Interesse an Kroatien habe, zog er seine Truppen nicht aus Kroatien ab. Dieser Entscheidung lagen die Römischen Verträge zugrunde. Pavelić legte die Verträge von Rom so aus, „daß italienische militärische Funktionen ‚nur auf kroatischen Wunsch' vorgesehen seien–und er folglich die Freiheit habe, ‚auch Deutschland militärisch um Rat und Hilfe anzugehen'."[27] Darüber hinaus zeigte Deutschland wirtschaftliches Interesse an Kroatien. Am 16. Mai 1941 kam die Unterzeichnung eines deutsch-kroatischen Wirtschaftsabkommens zustande. Um die wirtschaftlichen Interessen Deutschlands zu unterstützen, achtete die kroatische Regierung besonders auf die unbegrenzte Nutzung industrieller Rohstoffe durch deutsche Unternehmen. Pavelić versprach auch die Gewährung neuer Konzessionen und den unbegrenzten Export von Mineralien und Öl nach Deutschland. Außerdem versprach er, die Kosten für deutsche Militäreinrichtungen und Besatzungstruppen in Kroatien zu tragen.[28] Die Ustaša-Miliz wurde nach dem Vorbild der SS errichtet, die bald mit der regulären Armee konkurrierte.[29] Diese gemischte Polizei wurde durch die Verteilung von Kroaten aus allen SS-Einheiten im Südosten und von Freiwilligen erstellt. Aus Sicht der Ustaša bedeutete dies einen drastischen Eingriff in die kroatische Militärsouveränität. Am härtesten traf es das Militär jedoch, als die muslimischen SS-Divisionen geschaffen wurden, weil das SS-Hauptamt behauptete, dass nur die muslimische Bevölkerung als absolut verlässlich gelten könne. Da sie ein wichtiger Sicherheitsfaktor und den Ustaša feindlich gesinnt waren, wurden darüber hinaus Pläne für muslimische Divisionen in muslimischen Dörfern gemacht. Die Gesamtheit dieser SS-Maßnahmen verursachte in kroatisch-nationalistischen Kreisen einen großen Schock, da diese in der deutschen Unterstützung Ansätze für eine muslimische Autonomie sahen, die die Kroaten unbedingt verhindern wollten.[30]

---

[26] Hory und Broszat: Der kroatische Ustascha-Staat, S. 67f.
[27] Ebd., 69.
[28] Ebd., S. 69f.
[29] Bartl: Grundzüge der jugoslawischen Geschichte, S. 130.
[30] Wuescht: Jugoslawien, S. 53f.

III. Ein Land der Kroaten

a) Die serbische Frage

Die ethnische Struktur im kroatischen Staat war damals, so Grab, ein schwer fassbares Phäno-
men, da in einigen Gebieten ein stabileres interethnisches Gleichgewicht als in anderen Gebieten bestand. Jüngeren Studien zufolge treten ethnische Spannungen vor allem dann auf, wenn
die Bevölkerung in verschiedene ethnische oder religiöse Gruppen aufgeteilt ist, aber eine der
Gruppen eindeutig die Mehrheit bildet.[31] Die kroatische Regierung bezeichnete serbische Soldaten und Beamte sowie Juden als Terroristen und alle vom kroatischen Staat ergriffenen Maßnahmen dienten aus ihrer Sicht der Selbstverteidigung des kroatischen Volkes.[32] Nach Ansicht
der Ustaša stellten vor allem Serben, Juden und Roma eine große Gefahr für den kroatischen
Staat dar.[33] In der kroatischen Presse wurden die Serben als Feinde der neuen Ordnung auf dem
Balkan und der Destabilisierung des Ustaša-Staates eingestuft und mit den Kommunisten
gleichgesetzt.[34] Die Ustaša waren entschlossen, einen kroatischen Staat zu schaffen, in dem nur
Kroaten leben sollten. Für andere Minderheiten, insbesondere die serbische, sollte es keinen
Platz geben. Ungebildete serbische Bauern sollten zum Katholizismus konvertieren. Die Ustaša
propagierte, dass die serbisch-orthodoxe Kirche die Religion zu politischen Zwecken miss-
braucht habe, um die Bevölkerung zu spalten, weshalb sie ein Feind der Menschheit sei. Pavelić
betrachtete die Bürger des ostgriechischen Glaubens, die zum Katholizismus konvertierten, als
Kroaten. Diese Spaltung der Serben war ein Ziel der Ustaša-Politik: Serben wurden einerseits
diskriminiert, deportiert oder getötet und andererseits konvertierte Serben als orthodox gewor-
dene ethnische Kroaten definiert.[35] Aufgrund der massiven Gewalt vonseiten der Ustaša wurde
das Regime in eine Krise gestürzt, in der die Wirtschaft zusammenbrach.[36] Die Serben-Politik
der Ustaša war rücksichtslos und wies die Merkmale eines Genozids auf. Die Ustaša waren der
Ansicht, dass die kroatische Homogenität durch erzwungene Assimilation, Terror, Vertreibung,
Ermordung etc. erreicht werden könne. Als sich die Erwartungen der Ustaša nicht erfüllten,
wurde im April 1942 die Entscheidung getroffen, die kroatische Politik gegenüber den Serben
zu ändern. Die Lösung der serbischen Frage wurde im Anschluss nur vorübergehend ausgesetzt.

---

[31] Alexander Korb: Im Schatten des Weltkrieges. Massengewalt der Ustaša gegen Serben, Juden und Roma in
Kroatien 1941-1945, Hamburg 2013, S. 307.
[32] Ebd., S. 270.
[33] Sojčič: Die Lösung der kroatischen Frage, S. 226.
[34] Ebd., S. 230.
[35] Ebd., S. 232f.
[36] Korb: Im Schatten des Weltkrieges, S. 323.

Pavelić ließ serbisch-orthodoxe Kirchen bauen, die nicht politisiert werden sollten und den Interessen des kroatischen Staates zu dienen hatten. So begann die kroatische Regierung zum ersten Mal im April 1942 mit den Kommunisten zu verhandeln. Pavelič ordnete an, alle Morde, Gewaltakte, Vertreibungen etc. gegen die serbische Zivilbevölkerung zu stoppen. Der Grund für dieses politische Vorgehen war die militärische und politische Schwäche der Ustaša, die die Kommunisten militärisch nicht besiegen konnte und zunehmend die Kontrolle in ihrem Staat verlor.[37]

b) Die jüdische Frage

Unmittelbar nach der Machtübernahme der Ustaša wurde eine antisemitische Politik eingeführt, die sich nicht von der deutschen Politik unterschied.[38] Im Frühjahr 1941 richtete die SS in Belgrad und Zagreb jeweils eine Operationseinheit ein, um die Durchführung des Genozids an den Juden zu überwachen und geeignete Maßnahmen vorzuschlagen, die von den Ustaša durchgeführt wurden. Einer der Hauptgründe für die Aggression der Ustaša-Führung bei der Durchsetzung der antisemitischen Politik war ihre Dankbarkeit gegenüber den Deutschen für die Tatsache, dass sie der Ustaša zur Macht verholfen hatten. Pavelić berichtete am 3. Mai 1941, dass die kroatische Politik gegenüber den Juden radikal und von wirtschaftlichen Sanktionen geprägt sein würde. Die Juden würden als Feinde des kroatischen Staates auftreten.[39] Die Juden mussten sich melden und wurden enteignet. Bis August 1942 war Deutschland in Bezug auf das „Judenproblem" nicht in die kroatische Politik involviert und hatte der Ustaša freie Hand gelassen, um das „Problem" in ihrem Gebiet zu „lösen". Nach dem Sommer 1942 änderte sich die Situation und so wurde der kroatische Staat in die endgültige Regelung der „Judenfrage" einbezogen. Hans Helm wurde vom RSHA (Reichssicherheitshauptamt) damit beauftragt, die kroatischen Juden in ostdeutsche Gebiete zu überführen und so mussten sich diese bis Ende Juli registrieren lassen. Wer diesen Befehl nicht befolgten, wurden in ein Arbeitslager geschickt. Dies bedeutet, dass die Ustaša die „Endlösung" der Juden unterstützte, indem sie unabhängig von den Deutschen ihren eigenen Holocaust durchführte.[40]

---

[37] Sojčič: Die Lösung der kroatischen Frage, S. 235ff.
[38] Ebd., S. 258.
[39] Ebd., S. 261ff.
[40] Ebd., S. 267ff.

IV. Das Ende des Regimes

Der serbische Widerstand gegen die deutsche Wehrmacht wurde von den Četnici organisiert.[41] Der erste Schritt, den die serbischen Aufständischen unternahmen, bestand darin, die Kommunikationsleitungen des Ustaša-Staates zu unterbrechen, weil sie erkannt hatten, dass die Gefahr für die serbische Bevölkerung von Zagreb ausging.[42] Für kurze Zeit konnten Partisanen einige Gebiete besetzen, aber ab November 1941 wurde diese Bewegung von deutschen Truppen unterdrückt. Nach der Niederlage der Partisanen erhielten diese bis zum Jahr 1944 wenig Unterstützung.[43] Die Partisanen wollten den kroatischen Staat mit einer Hungersnot überwältigen und versuchten systematisch, die Versorgungsgebiete zu kontrollieren. Wo dies nicht möglich war, zerstörten sie die gesamte Infrastruktur. Alle deutschen und kroatischen Versuche, die Hungersnot zu überwinden, scheiterten, sodass die deutsche Seite schließlich gezwungen war, Lebensmittel in den kroatischen Staat zu importieren. Im Herbst 1941 flohen die aufständischen Kommunisten unter Tito infolge eines deutschen Angriffs in den kroatischen Staat und überwältigten das Ustaša-Regime. Die Partisanen konnten sich in den Bergen Kroatiens niederlassen,[44] während sich die von ihnen kontrollierten Gebiete allmählich erweiterten. Neben Serben schlossen sich auch Kroaten den Partisanen an. Dabei bauten sie ein Wirtschaftsleben in ihrer Region auf und etablierten eine funktionierende Verwaltung. Im letzten Kriegsjahr wurden ganze Einheiten der kroatischen Domobrani und der serbischen Četnici für die Partisanen abgesetzt.[45] Nach dem Vormarsch der Roten Armee in Belgrad erfüllte das Hoheitsgebiet des Ustaša-Staates für die Deutschen eine wichtige strategische Funktion. Wichtig war, dass sich die starke Armee der Gruppe E unter allen Umständen aus Griechenland und Albanien zurückziehen konnte. Im Herbst 1944 und Winter 1944/45 wurden die wichtigsten Straßen- und Bahnverbindungen aus dem Süden erfolgreich gegen die Rote Armee und gewaltsame Partisanenangriffe geschützt, um die schwierige Rückführung der Gruppe E-Armee durchzuführen und schließlich eine verbleibende, auf Kroatisch sogenannte Zwonimir-Stellung bis zur Kapitulation zu halten. Die Partisanen eroberten am 9. Mai 1945 Zagreb. Pavelić und ein Teil der Ustaša-Führung konnten aus dem Land fliehen.[46]

---

[41] Steindorff: Kroatien, S. 181.
[42] Korb: Im Schatten des Weltkrieges, S. 324.

[44] Ebd., S. 334ff.
[45] Steindorff: Kroatien, S. 183.
[46] Hory und Broszat: Der kroatische Ustascha-Staat, S. 172ff.

V. Zusammenfassung

Die Ustaša war für die Nationalsozialisten nur eine Notlösung. Ursprünglich wollten die Nationalsozialisten Vladko Maček und die Kroatische Bauernpartei für einen kroatischen Marionettenstaat gewinnen. Maček war gegen diese Unabhängigkeit, weil er einen Frieden zwischen Jugoslawien und den Achsenmächten wollte, was hingegen von Deutschland abgewiesen wurde. Die Ustaša hatte wenig Rückhalt in der Bevölkerung, da bekannt war, dass Ante Pavelić den Ustaša-Staat nicht eigenständig errichtet hatte, sondern dieser auf Bestreben Deutschlands und Italiens entstand. Demzufolge trauten viele Kroaten Pavelić nicht zu, Kroatien alleine regieren zu können. Das zweite Problem war die Vereinbarung zwischen Pavelić und Mussolini, dass Dalmatien an Italien fallen sollte, was die kroatische Bevölkerung ablehnte. Die Ustaša verfolgte das Ziel, einen homogenen Nationalstaat zu errichten, in dem für Serben und Juden aus Sicht der Ustaša kein Platz blieb, weil sie keine Kroaten waren. Stattdessen wurden sie zum Feind der Nation erklärt. Gleichzeitig behandelten die Deutschen und die Italiener den Ustaša-Staat wie eine Besatzungszone. Einerseits hatte die Ustaša in Dalmatien kein Recht, Militärstützpunkte oder ähnliche Stützpunkte zu errichten, andererseits sollte Deutschland neue Konzessionen für seine Unternehmen erhalten. So wurden große Mengen an Rohstoffen nach Deutschland exportiert während Kroatien für die Verpflegung und Unterbringung deutscher Soldaten aufkommen musste. Spätestens ab 1943 war der Ustaša-Staat nicht mehr in der Lage, das Land zu regieren, die wirtschaftliche Situation war katastrophal. Ein weiteres Problem für den Ustaša-Staat war zu dieser Zeit der kommunistische Widerstand, der es geschafft hatte, weil Teile des Landes unter seine Kontrolle zu bringen. Aufgrund der katastrophalen Zustände schlossen sich immer mehr Menschen dem kommunistischen Widerstand an, obgleich sie selbst keine Kommunisten waren.

VI. Literaturverzeichnis

Bartl, Peter: Grundzüge der jugoslawischen Geschichte, Darmstadt 1985.

Calic, Marie-Janine: Geschichte Jugoslawiens im 20. Jahrhundert, München 2010.

Hory, Ladislaus: Der kroatische Ustascha-Staat 1941-1945 (=Schriftenreihe der Vierteljahrshefte für Zeitgeschichte), Stuttgart 1964.

Korb, Alexander: Im Schatten des Weltkriegs. Massengewalt der Ustaša gegen Serben, Juden und Roma in Kroatien 1941-1945, Hamburg 2013.

Rogić, Marijan: Die Idee des kroatischen Staates bei Ante Pavelić. Unter Berücksichtigung besonderer historischer Tatsachen sowie des Staats- und des Selbstbestimmungsrechts, München 1983.

Sojčić, Tvrtko S.: Die Lösung der kroatischen Frage zwischen 1939 und 1945. Kalküle und Illusionen, Stuttgart 2008.

Steindorff, Ludwig: Kroatien. Vom Mittelalter bis zur Gegenwart, München 2001.

Sundhaussen, Holm: Der Ustascha-Staat. Anatomie eines Herrschaftssystems, in: Budak, Neven u.a. (Hg.): Kroatien. Landeskunde, Geschichte, Kultur, Politik, Wirtschaft und Recht, Wien u.a. 1995, S. 251-288.

Thamer, Hans-Ulrich: Faschistische und neofaschistische Bewegungen. Probleme empirischer Faschismusforschung, Darmstadt 1977.

Tomasevich, Jozo: War and Revolution in Yugoslavia 1941-1945. Band 2: Occupation and Collaboration, Stanford 2001.

Wuescht, Johann: Jugoslawien und das Dritte Reich. Eine dokumentierte Geschichte der deutsch-jugoslawischen Beziehungen von 1933 bis 1945, Stuttgart 1969.